# MÉMOIRE

SUR LA

## RÉGLEMENTATION DES ASSURANCES SUR LA VIE

## DANS L'ÉTAT DE NEW-YORK

# MÉMOIRE

SUR LA

## RÉGLEMENTATION DES ASSURANCES SUR LA VIE

### DANS L'ÉTAT DE NEW-YORK

Un projet de loi, tendant à organiser, pour les Sociétés d'assurances sur la vie, la surveillance déjà prévue en principe par l'article 66 de la loi du 24 Juillet 1867 sur les Sociétés, vient d'être soumis au Conseil d'État. Ce projet ne contient, paraît-il, aucune disposition relative aux Sociétés étrangères pratiquant l'assurance sur la vie en France. Cette lacune, si elle est réelle, peut créer, aux assurés français de ces Sociétés, une situation anormale et fâcheuse. En effet, la nouvelle loi contiendra nécessairement une disposition d'après laquelle toute Société qui ne se conformera pas au règlement sera passible d'une peine, et cette peine sera vraisemblablement la défense de fonctionner en France ; or, comme les Sociétés étrangères, et notamment les Sociétés américaines, opérant en France, sont déjà soumises à une législation spéciale dans leur pays d'origine, et comme leurs placements, par exemple, doivent en grande partie se faire aux États-Unis et, en conséquence, en dehors de la France, il est probable que ces Sociétés, à moins d'être visées par la nouvelle loi, se trouveront dans l'impossibilité de s'y conformer, et encourront ainsi une disgrâce imméritée.

Le nombre des personnes qui, en France, ont souscrit, sous l'empire de l'ancienne législation, des contrats d'assurances aux Sociétés étrangères, s'élève à plusieurs milliers, et les intérêts que représentent ces contrats sont fort considérables.

Convaincus que le but du Gouvernement est d'établir une réglementation qui soit, non seulement juste et équitable pour tous les assurés français sans distinction, mais encore aussi efficace que possible dans son application pratique, nous avons cru qu'il n'était pas hors de propos d'appeler l'attention du Conseil d'État sur la situation à faire aux Compagnies étrangères, et, à cet effet, de lui soumettre un exposé de la réglementation des assurances sur la vie dans l'État de New-York, réglementation à laquelle les Sociétés américaines, opérant en France, se trouvent actuellement soumises.

La loi qui règle cette matière est celle de 1853, chapitre 463 (1). Elle distingue trois classes de Sociétés d'assurances sur la vie :

    1° Celles de l'État de New-York ;

    2° Celles des autres États des États-Unis ;

    3° Les Sociétés étrangères.

## SOCIÉTÉS DE L'ÉTAT DE NEW-YORK

### A. Conditions requises pour l'autorisation préalable.

*LOI de* 1853, *Chapitre* 463.

ARTICLE 3. — Toute personne ayant l'intention de constituer une

---

(1) La loi de 1853 a été souvent modifiée, mais, au cours du travail ci-dessous, toute modification apportée à la loi a été notée.

On n'a pas tenu compte d'une loi passée le 2 Avril 1883, régissant les Sociétés coopératives sur la vie, parce qu'aucune Société coopérative, créée d'après cette loi, ne se trouve actuellement en activité en France.

Un compte rendu de cette loi a été publié dans l'*Annuaire de la Législation étrangère*, 1884, page 815.

Société anonyme pour pratiquer l'assurance sur la vie, doit déposer au bureau du surintendant des assurances :

1° Une déclaration, signée par les fondateurs, constatant leur intention de créer une Société, conformément aux dispositions de cette loi ;

2° Un exemplaire de leurs statuts ; ces statuts doivent indiquer le nom et le siège de la Société, la nature de ses opérations, le règlement intérieur, le système d'après lequel le Conseil d'administration et le Bureau seront élus, le système d'après lequel les vacances seront remplies, le montant du capital, et tous autres détails nécessaires pour l'explication du but et du fonctionnement de la Société. Il faut que la majorité des administrateurs de la Société soient citoyens de l'État.

ARTICLE 4. — Cette déclaration est soumise, par le surintendant, à l'examen et à l'appréciation du procureur général (*attorney general*); ce dernier, s'il la trouve conforme à la Constitution et aux lois des États-Unis et de l'État de New-York, la munit de son visa et la remet au surintendant qui l'enregistre et en donne extrait aux fondateurs.

ARTICLE 5. — Les fondateurs doivent alors publier pendant six semaines, dans le journal officiel, leur intention de créer ladite Société ; après l'expiration de ce délai, ils peuvent faire appel au public et compléter les formalités de constitution.

ARTICLE 6. — Toute Société doit posséder un capital réel de cent mille dollars ; avant de commencer à fonctionner, elle doit placer ce capital tout entier, soit en obligations des États-Unis ou de l'État de New-York, soit en première hypothèque sur immeubles de rapport de l'État de New-York (le montant de l'hypothèque ne devant pas dépasser 25 o/o de la valeur de l'immeuble, sans y comprendre des annexes de ferme), soit enfin en valeurs de toute nature admises par le *Bank-Department* (1).

---

(1) Les valeurs admises par le *Bank-Department* sont énumérées dans la loi de 1849, chapitre 313, article 1er; loi de 1838, chapitre 260, article 8 ; loi de 1848, chapitre 340, articles 2 et 3 ; loi de 1851, chapitre 164, article 10 ; ces lois font double emploi avec les dispositions ci-dessus, sauf pour le cas de placement sur hypothèque ; ces placements peuvent être faits en première hypothèque sur des terres dans l'État pour une somme ne dépassant pas les 2/5 de la valeur de ces terres, sans compter les constructions.

De plus, antérieurement à tout acte de la Société, une somme de cent mille dollars, placée comme ci-dessus (1) doit être déposée entre les mains du surintendant des assurances ; le surintendant conserve ce dépôt comme garantie pour les assurés, mais la Société en touche les intérêts, tant que dure sa solvabilité.

Comme la loi n'exige pas de capital en dehors des fonds déposés au Département des Assurances, c'est en général le capital lui-même qu'on dépose.

ARTICLE 7. — Aussitôt que le dépôt a été effectué, le surintendant délivre aux fondateurs un certificat constatant le fait et, en outre, un extrait de toutes les pièces déposées en son bureau. Ce certificat et cet extrait, une fois enregistrés au greffe du Comté où la Société a son siège social, constituent l'autorisation de fonctionner et d'émettre des polices.

## B. Conditions imposées aux Sociétés en fonctionnement.

### 1° En ce qui concerne les Placements.

ARTICLE 8. — Tout administrateur de Société est considéré comme *trustee,* c'est-à-dire comme dépositaire ou fidéi-commissaire ; les *trustees* sont assujettis à certaines règles pour le placement des fonds ; ces règles se trouvent dans le droit non écrit.

L'article 8 de la loi de 1853 prescrit, en particulier, l'emploi que les administrateurs de Sociétés d'assurances sur la vie doivent faire de leurs fonds. Ces fonds ne peuvent être placés que de la manière suivante :

1° En première hypothèque sur des immeubles situés soit dans l'État de New-York, soit (en dehors de cet État) dans un rayon de cinquante

(1) Il y a, toutefois, une petite différence à constater entre le placement du capital et le placement du dépôt : la disposition qui permet le placement du capital en valeurs autorisées par le *Bank-Department* n'est pas applicable au placement du dépôt.

milles de la ville de New-York, et valant cinquante pour cent de plus que le montant du prêt ;

2° En obligations des États-Unis ;

3° En obligations de l'État de New-York ou d'une ville de cet État, pourvu qu'elles ne soient pas au-dessous du pair ;

4° Et en toutes valeurs créées conformément à la législation de l'État de New-York, pourvu qu'elles ne soient pas au-dessous du pair, sur la place de New-York.

ARTICLE 9. — Les Sociétés d'assurances sur la vie ne sont autorisées à acquérir ou à posséder des immeubles qu'aux conditions ci-après :

1° Quand l'immeuble est destiné à loger leurs bureaux principaux, ou qu'il peut servir au fonctionnement de leur administration ;

2° Quand l'immeuble est acquis par les Sociétés par suite de ventes judiciaires ou en paiement d'une dette antérieurement contractée envers elles dans le cours de leurs affaires. Dans ce dernier cas, l'immeuble doit être vendu par la Société dans les cinq années de l'acquisition.

### 2° Rapport annuel.

ARTICLE 12. — Tous les ans, dans les soixante jours à partir du 1ᵉʳ janvier, un rapport, signé sous serment par le président, le vice-président, le secrétaire, ou un administrateur autorisé de la Société, doit être soumis au surintendant des assurances.

Ce rapport doit indiquer :

1° Le nombre de polices émises dans l'année ;

2° Le montant des assurances consenties ;

3° Le montant des primes encaissées ;

4° Le montant détaillé des intérêts de placements et de toutes autres recettes ;

5° Le montant des sinistres payés dans l'année ;

6° Le montant des sinistres restant à payer ;

7° Le montant des frais généraux ;

8° Le nombre total des polices en vigueur ;

9° Le montant des risques en cours ;

10° Le montant du capital social ;

11° Le montant des réserves, en spécifiant si elles ont été faites pour assurances en cas de décès, pour rentes viagères, ou à tout autre titre ;

12° Le montant de l'actif et le mode de son placement, en spécifiant les sommes placées en immeubles, les prêts sur hypothèques, les valeurs mobilières, les prêts sur titres, les billets reçus en paiement de primes, les crédits ou les valeurs créances. (En fait, le surintendant n'admet pas les crédits comme formant partie de l'actif des Sociétés.)

13° Le montant des bénéfices non répartis. — Une loi de 1866 a amendé cette disposition en ajoutant : « La Société doit déclarer aussi le montant des bénéfices répartis. »

14° Un tableau des Polices en vigueur pour la vie entière, indiquant, pour chaque âge des souscripteurs, combien de ces Polices ont été émises dans chaque année successive depuis la fondation de la Société, et quel en a été le montant.

15° Un tableau des Polices en vigueur pour une période moindre que la vie entière, indiquant, pour chaque âge des souscripteurs, combien de ces Contrats ont été émis dans chaque année successive, depuis la fondation de la Société, et quel en a été le montant.

Le surintendant a le devoir de faire imprimer des formulaires conformes à ces dispositions, et d'en fournir aux Sociétés auxquelles la loi s'applique.

# SOCIÉTÉS DES AUTRES ÉTATS DES ÉTATS-UNIS

## A. Conditions requises pour l'autorisation préalable.

ARTICLE 14. — Nulle Société d'assurances sur la vie, ayant son siège aux États-Unis, dans un État autre que celui de New-York, ne peut fonctionner dans cet État, à moins de justifier d'un capital réel égal au capital visé par l'article 6. Ce capital doit être placé comme ci-dessus, sauf qu'il peut aussi être placé en obligations de l'État où la Société a son siège, ou sur immeubles situés dans ledit État. Les valeurs doivent être déposées au Département des Finances de l'État d'origine de la Société, et le Département des Finances doit remettre au surintendant des assurances un certificat constatant que des titres, pour une valeur de cent mille dollars au moins, ont été déposés.

*LOI de* 1884, *Chapitre* 346, *tel qu'il a été amendé en* 1885.

La Société doit faire élection de domicile aux bureaux du surintendant des assurances de l'État de New-York, de façon que toute signification à la Société puisse valablement y être faite.

*LOI de* 1853, *Chapitre* 463.

ARTICLE 14. — La Société doit aussi remettre au surintendant :

1° Un exemplaire des statuts de la Société ;

2° Un extrait de la délibération du Conseil d'administration, faisant élection de domicile aux bureaux du surintendant ;

3" Un état de situation, dressé suivant le formulaire imposé aux Sociétés similaires de l'État de New-York pour leurs rapports annuels.

Le surintendant délivre un certificat d'autorisation à toute personne autorisée par la Société à le recevoir ; ce certificat, dont un extrait doit être enregistré au greffe de chaque Comté où la Société établit une agence, constate que les prescriptions légales ont été accomplies, et vaut, pour la Société et son agent, autorisation de commencer à opérer dans l'État.

Jusqu'à ce que le certificat d'autorisation ait été obtenu, il est interdit à tout agent d'une Société étrangère d'opérer, soit directement soit indirectement, dans l'État de New-York.

---

## B. Conditions imposées auxdites Sociétés pour le maintien de l'autorisation.

Ces Sociétés sont tenues de soumettre au surintendant des assurances un rapport annuel rédigé de la même façon que celui des Sociétés indigènes, et, si ce rapport justifie de la solvabilité de la Société et que son dépôt soit maintenu, le surintendant délivre aux agents de la Société de nouveaux certificats dont copie certifiée est enregistrée au greffe du Comté où est située l'agence. Il est à remarquer que le surintendant d'assurances n'a pas le droit de refuser de nouveaux certificats d'autorisation, à moins que la Société ne justifie pas de sa solvabilité. Mais par les dispositions d'une loi en date du 22 Mai 1873, le surintendant a le droit de refuser à toute Société étrangère l'autorisation de fonctionner dans l'État, toutes les fois que ce refus lui semble de nature à « mieux sauvegarder les intérêts du peuple de l'État. » Le surintendant a donc un pouvoir absolu en ce qui concerne l'autorisation première, mais une fois cette autorisation accordée, il est tenu de la renouveler, à moins que la Société ne se trouve en déconfiture ou ne retire son dépôt.

Il est à remarquer aussi que la loi ne règle pas le placement des fonds des Sociétés des autres États ; ces Sociétés restent donc libres de faire leurs placements sans tenir compte des dispositions qui régissent à cet égard les Sociétés de l'État de New-York.

Les dispositions de la loi, en ce qui concerne les placements des Sociétés autres que celles de l'État de New-York, se bornent à prescrire le mode du placement du capital réel de cent mille dollars, dont le dépôt doit être fait au Département des Finances de l'État auquel les Sociétés appartiennent. Mais la loi de 1865, chapitre 694, dispose que dans le cas où un autre État de l'Union imposerait aux Sociétés de l'État de New-York un dépôt ou impôt supérieur à ce que ces Sociétés supportent dans leur État d'origine, le surintendant de l'État de New-York devrait réclamer des Sociétés de l'État en question un dépôt ou impôt égal à celui que leur État impose. Cette loi établit une réciprocité qui a pour but de répondre à certaines législations qui ont voulu mettre dans une situation d'infériorité les Sociétés de New-York fonctionnant sous leur juridiction.

Les Sociétés des autres États sont soumises aux mêmes conditions relativement à l'acquisition des immeubles.

## SOCIÉTÉS ÉTRANGÈRES

### A. Conditions requises pour l'autorisation préalable.

*LOI de 1853, Chapitre 463.*

ARTICLE 15. — Toute Société étrangère doit effectuer entre les mains du surintendant des assurances un dépôt de cent mille dollars, en valeurs admises pour les Sociétés similaires de l'État de New-York.

*LOI de 1881, Chapitre 484.*

Toute Société étrangère doit aussi élire domicile aux bureaux du surintendant des assurances de l'État de New-York, de telle sorte que la Société puisse y être valablement assignée.

*LOI de* 1853, *Chapitre* 463.

Article 15. — Ces Sociétés doivent remettre au surintendant :

1° Un exemplaire certifié de leurs statuts ;

2" Une copie de la procuration donnée à leur représentant dans l'État;

3° Un état de situation dressé suivant le modèle des rapports annuels exigés des Sociétés similaires, appartenant à l'État de New-York.

Il est interdit à tout agent de faire des affaires, directement ou indirectement, sans avoir obtenu du surintendant un certificat d'autorisation qui doit être renouvelé tous les ans ; ce certificat constate que les dispositions ci-dessus ont été observées et indique le nom de l'agent. Un extrait certifié du certificat est enregistré au greffe du Comté où est située l'agence ; cet enregistrement vaut comme autorisation à la Société et à son agent pour faire des affaires dans l'État de New-York.

## B. Conditions imposées aux Sociétés étrangères pour le maintien de l'autorisation.

Les Sociétés étrangères sont tenues de faire les mêmes rapports annuels que les autres Sociétés; elles doivent, en outre, faire un rapport supplémentaire, signé sous la foi du serment par l'agent de la Société dans l'État, contenant une énumération détaillée de toutes les Polices émises et de toutes les Polices éteintes dans l'année, ainsi que l'indication des primes reçues et des sinistres et impôts payés dans l'année, tant pour l'État de New-York que pour le reste des États-Unis.

Le rapport contient, en outre, l'indication des placements faits par la Société étrangère dans l'État de New-York, ainsi que tout autre renseignement qui pourra être exigé par le surintendant. Si ce rapport justifie de la solvabilité de la Société, et que le dépôt soit maintenu, le surintendant délivre aux agents de la Société de nouveaux certificats d'autorisation, dont copie certifiée est enregistrée au greffe du Comté où est située l'agence. Il est à remarquer que le surintendant n'a pas le droit de refuser aux Sociétés le renouvellement de leur autorisation, à moins qu'elles ne puissent justifier de leur solvabilité.

Toutes les observations déjà faites au sujet des placements et du renouvellement du certificat d'autorisation des Sociétés des autres États des États-Unis, s'appliquent également aux Sociétés étrangères.

## DÉPARTEMENT DES ASSURANCES

On a vu par ce qui précède que c'est le surintendant qui est chargé de la surveillance des Sociétés d'assurances.

Le surintendant est nommé par le gouverneur de l'État; c'est un des grands fonctionnaires du Gouvernement. Tous les ans, il fait un rapport résumant tous les rapports annuels faits par les Compagnies fonctionnant sous son contrôle. Un exemplaire du rapport de 1885, le deuxième volume ayant seul trait aux Compagnies d'Assurances sur la Vie, est joint au présent mémoire. Mais le surintendant n'a pas uniquement à recevoir et à résumer des rapports annuels, il est chargé également de l'examen des Sociétés, et dès l'instant que la situation d'une Société lui paraît douteuse, il doit faire une enquête sur l'état de ses affaires.

### LOI de 1853, Chapitre 403

ARTICLE 17.—Tout agent ou administrateur d'une Société d'assurances opérant dans l'État est tenu de mettre à la disposition du surintendant ou de son délégué toute la comptabilité de la Société; le surintendant a le droit de mander devant lui et d'interroger sous serment tout agent ou administrateur de Société ; il peut aussi, s'il le juge utile, publier dans le journal officiel de l'État le résultat de son enquête. S'il résulte de l'enquête que le capital d'une Société est absorbé dans une proportion de 50 %, le surintendant doit retirer l'autorisation accordée et en donner avis public, pendant l'espace de quatre semaines, dans le journal officiel. Dans ce cas, il est défendu à tout agent de la Société de continuer ses opérations.

Si la Société dont il s'agit est une Société de l'État de New-York, le surintendant a le droit de faire appel aux actionnaires, les requérant de reconstituer le capital ; à défaut de consentement de leur part, le surintendant doit inviter le procureur à procéder à la dissolution de la Société.

ARTICLE 13. — Tous les cinq ans au moins, et annuellement s'il le trouve utile, le surintendant doit procéder, pour toute Société des États-Unis, opérant dans l'État de New-York, à l'évaluation des risques en cours, des bénéfices non répartis, et de tous autres articles du passif, en prenant comme base de ses calculs la table de mortalité américaine, inscrite in-extenso dans la loi, et le taux d'intérêt annuel de quatre et demi pour cent.

Le surintendant peut modifier le taux d'intérêt et la table de mortalité pour les Sociétés étrangères, ainsi que pour l'assurance des personnes infirmes, ou les risques spéciaux.

Il peut aussi, en lieu et place de son évaluation, accepter l'évaluation faite par le Département des assurances d'un autre État, pourvu que ledit Département ne refuse pas d'accepter, à titre de réciprocité, les certificats d'évaluation délivrés par le surintendant de l'État de New-York (1).

-----

(1) Une loi de 1884, chapitre 41, a modifié ces dispositions de la loi, en adoptant une nouvelle table et en réduisant le taux d'intérêt à 4 o/o. Cette loi ne doit avoir d'effet qu'à partir du 1er janvier 1888. Il est à remarquer que la nouvelle loi est applicable, sans distinction, à toutes les Sociétés d'assurances fonctionnant dans l'État de New-York, et qu'en conséquence les distinctions établies par la loi de 1853, au préjudice des Sociétés étrangères, sont destinées à disparaitre.

# RÉSUMÉ

Il convient de faire remarquer que la loi de l'Etat de New-York n'établit, entre les Sociétés indigènes et les Sociétés étrangères, que certaines différences de détail, pleinement justifiées, d'ailleurs, par la situation essentiellement différente de ces deux classes de Sociétés. Pour tout le reste, les Sociétés étrangères rentrent dans le même cadre que les Sociétés indigènes. Elles sont obligées, à peu près, aux mêmes formalités préalables et aux mêmes formalités pour le maintien de l'autorisation. Le montant du dépôt, les règles de placement, les états de situation et les rapports annuels, les limites de la surveillance exercée par le surintendant, et les amendes imposées pour infractions, tout cela est identique. Les Sociétés étrangères peuvent acquérir des immeubles et ester en justice dans les mêmes conditions que les Sociétés de l'État; elles ne sont tenues que d'élire domicile au Département des Assurances, afin que toute signification les concernant puisse valablement y être faite.

Les différences qui existent entre les Sociétés indigènes et les Sociétés étrangères, relativement aux conditions qui leur sont imposées, sont comme suit :

1° La loi n'impose aux Sociétés étrangères aucune règle pour leurs placements, si ce n'est à l'égard des fonds déposés à titre de cautionnement.

Ceci se comprend : une Société étrangère d'assurances préférera certainement placer ses fonds dans son pays d'origine, et ce serait lui interdire de fonctionner dans l'État de New-York que de lui imposer des placements dans cet État, sauf dans des limites très restreintes. Mais, les placements des Sociétés étrangères n'échappent pas complètement à la surveillance du surintendant ; il est tenu de les surveiller, et ce n'est que dans le cas où ces placements lui paraissent solides qu'il lui est loisible de renouveler les certificats d'autorisation.

2° Les Sociétés étrangères sont tenues de faire une déclaration supplémentaire.

Il est évident que le surintendant des assurances ne saurait exercer de contrôle sur les affaires faites par la Société étrangère en dehors de l'État de New-York ; il doit laisser au Gouvernement auquel appartient la Société étrangère le soin de surveiller ses agissements dans son pays d'origine. Ce ne sont que les affaires faites par la Société etrangère dans l'État de New-York qui rentrent dans le domaine du surintendant, exception faite bien entendu de son devoir d'exercer une surveillance sur la question de solvabilité générale.

C'est afin de lui permettre de contrôler très exactement les affaires faites par les Sociétés étrangères dans l'État de New-York qu'on exige de ces Sociétés étrangères le rapport supplémentaire prévu par l'article 15 de la loi.

3° Au cas où le capital social d'une Société indigène serait entamé, le surintendant a le devoir de faire appel aux actionnaires, ou de provoquer la dissolution de la Société.

Il n'a pas ce droit sur les Sociétés étrangères, son devoir se bornant au refus d'autorisation.

On peut dire, en conclusion, que les Sociétés étrangères sont mises sur le même pied dans l'État de New-York que les Sociétés indigènes. Les seules réserves faites par la loi se trouvent dans l'article qui permet au surintendant, toutes les fois qu'un État ou pays étranger impose aux Sociétés de l'État de New-York des conditions exceptionnellement rigoureuses, d'appliquer par représailles aux Sociétés de cet État des conditions similaires.

Cet article ne fait que consacrer le principe de la réciprocité qu'on trouve à plusieurs reprises dans la législation française et qu'on ne saurait trop souvent appliquer pour résoudre les conflits de législation.

Il résulte d'une étude de la loi de l'État de New-York sur cette matière, que la surveillance du Gouvernement est rigoureuse sans être inquisitoriale ; constante sans être tracassière. Elle s'applique également à toutes les Sociétés, sans faveur et sans malveillance, reconnaissant les limites qui lui sont imposées, vis-à-vis des Sociétés étrangères, par l'éloignement de leur siège social, sans oublier les devoirs d'un Gouvernement prudent vis-à-vis de ses propres citoyens.

Cette étude n'a d'ailleurs d'autre but que d'appeler l'attention du Conseil d'État sur le fait que les Sociétés d'assurances sur la vie, de l'État de New-York, sont soumises à une surveillance sérieuse et que les Sociétés étrangères ne sont assujetties, dans le susdit État, à aucune condition vexatoire.

Il est à espérer que le Conseil d'État voudra bien prendre en considération le système qui a été exposé ci-dessus pour faire rentrer dans le cadre de la loi à l'étude les Sociétés étrangères qui peuvent justifier d'une législation éclairée dans leur pays d'origine, et leur renouveler, en les soumettant à une surveillance bien réglée, l'accueil favorable qui leur a été jusqu'aujourd'hui accordé par le public français.

Typ. T. SYMONDS, 90, rue Rochechouart, Paris.

www.ingramcontent.com/pod-product-compliance
Lightning Source LLC
LaVergne TN
LVHW010302060726
842527LV00007B/2821